사랑하는 엄마에게

엄마, 부르는 것만으로도 가슴이 먹먹해지는 나의 엄마.
엄마의 세상은 여전히 나로 가득한데,
사는 게 바쁘다는 핑계로 엄마를 잊고 지냈어요.
어느 날 문득 엄마의 뒷모습을 보고 나서야,
지나간 시간들을 떠올려 봅니다.
늘 더 주지 못해 미안해하는 엄마에게,
좋은 엄마가 되지 못해 미안하다고 말하는 엄마에게,
작은 마음이나마 드리고 싶어요.
나의 전부, 세상에서 가장 아름다운 사람, 우리 엄마.
이제는 내가 엄마를 더 사랑할게요.

____________________ 올림

엄마에 대해 더 알고 싶은 이들을 위한 엄마 탐구 일지

DEAR MY MOM

사랑하는 엄마에게

리니 지음

터닝페이지

셀프탐구일지

1 아침보다 밤늦게 사부작거리는 걸 좋아한다. 방영할 때부터 특히 좋다.
2 덥지도 춥지도 않은 봄과 가을의 날씨를 좋아한다. 하늘 파랗고, 바람 살랑살랑~
3 다른 누가 울면 나도 모르게 눈물이 난다. 전혀 울 상황이 아닌데 눈물 나서 웃김 ㅋ
4 한없이 게으르다가도 하고 싶은 일이 생기면 세상 부지런해진다. 늘 신기한 ㅋ
5 갑자기 꽂힌 음식이 있으면 두세 달 동안 계속 먹는다. 와플, 곤칠 같은... ㄷㄷ
6 금요일 밤에 일찍 잠드는 걸 싫어한다. 주말도 별다르지 않지만 금요일 밤은 잠으로 보낼 수 없어...
7 따뜻함이 묻어나는 것들을 사랑한다. 아이들, 마음 담긴 글, 예쁜 말, 웃는 얼굴... :)
8 책을 읽고 필사할 때 느끼는 기분을 사랑한다. 문장, 글씨 말고 아무 생각 안 나서!
9 다정한 것을 좋아하고, 다정한 사람을 좋아하고, 다정한 사람이 되고 싶어 한다. ♡♡
10 말랑한 복숭아, 청포도, 딸기, 사과, 귤, 스테비아 토마토, 수박을 좋아한다. 맛있어!
11 드라마나 영화 한 번 본 거 두 번, 세 번 잘 안 본다. 책은 또 반대다. 여러 번 잘 읽음.
12 호기심이 생기면 일단 한번 해본다. 망설이는 시간이 길지는 않음. 그래서 후회도 자주 함 ㅋㅋ
13 미니멀리즘을 선호하지만 자꾸만 뭘 산다. 예를 들면 책, 스티커, 볼펜, 노트 같은 것들.
14 머릿속에 뭔가 떠오르면 종이든 앱이든 일단 써 놓는다. 아주 오래된 습관이랄까.
15 돈까스, 후라이드(BHC 원), 스파게티, 연어초밥, 시금치무침, 와플, 떡국, 참치김밥♡
16 누적하는 것을 좋아한다. 특히 기록의 누적. 일기나, 꾸준한 기록이나, 시간이 쌓이는 것~
17 따뜻한 물을 마셔야겠다고 생각하지만 늘 얼음 동동 띄운 찬물을 마시고 있다.
18 기계? 가전제품을 좋아한다. 작동시키고 기능 알아보는 거 너무 재미있음.
19 빗소리를 들으면 마음이 매우 매우 편해진다. 특히 창문에 부딪히는 빗소리가 정말 좋다.
20 배워보고 싶은 것 → 인디자인, 피아노, 주짓수(동네에 학원 생김ㅋ), 요리, 노래
21 깊게 파는 건 잘 못하지만, 다양하게 파 보는 걸 좋아하고 (잘?)한다. 낚시대 여러 개...ㅋ
22 소분하거나 정리하는 걸 좋아한다. 1인분씩 포장하는 거 좋아함. 과자나 선물 같은...
23 살림을 잘하지는 않지만 잘하고 싶은 욕구가 늘 있다. 잘하고 싶다...
24 안 예쁜데 예쁘다거나 싫은데 좋다고 말하는 게 어려워서 애매할 땐 표현을 안 한다.
25 하지만 감탄하는 포인트가 생기면 열렬히 표현하는 편. 작고 사소한 것들... :)
26 누군가에게 도움이 되는 사람이라고 느낄 때 매우 행복하다. 뭐라도 더 알려주고 싶은 마음...
27 전공 관련 직업 말고 다른 직업을 가졌으면 어떤 삶을 살았을까 자주 상상
28 요즘 관심 있는 분야는 브랜딩, 커뮤니티, 건강, 그리고 살림. 그 외에도...!
29 머리카락이 빠질 때마다 마음 아파한다. 점점 더 많이 빠지는 건 기!
30 내가 나를 잘 알고 있는 것 같지만 아직도 잘 모르겠고 알아가고 있는 ;

엄마탐구일지

1 엄마가 제일 좋아하는 음식은? 회, 갓김, 굴, 나물, 가끔 피자, 설렁탕, 된장국
2 엄마가 좋아하는 색깔은? 아이보리색. 쨍한 색보단 어떤 색이든 잘 어울리는 게 좋아~
3 엄마가 기분이 좋을 때는? 하루 일과가 엄마 계획대로 됐을 때. 그냥 좋을 때도 많음
4 엄마가 기분이 별로일 때는? 궁자리가 뒤숭숭 할 때. 비가 와서 어깨가 아플 때
5 엄마가 행복을 느끼는 순간은? 바로 지금. "엄마는 그냥 지금이 제일 행복하더라~"
6 아빠와의 가장 기억에 남는 추억은? 결혼식날 한복 입은 엄마 손을 잡으면서 '예쁘다'고 했을 때
7 엄마가 좋아하는 과일은? 수박, 포도 (임신 소식을 전했을 때 달려가면서 정말 하던 모습 ㅠㅠ
8 엄마가 죽기 전에 해 보고 싶은 일은? 전통찻집 운영해보기 (엄마의 계획이 넘 구체적이어서 놀람)
9 엄마가 배워보고 싶은 게 있다면? 볼링, 탁구. 다른 것보다 볼링을 꼭 배워보고 싶다고 하심 ㅋ
10 요즘의 엄마는 어떤 생각을 하고 지내는지? 우리 큰 딸에게 아기가 찾아오길. 우리 가족 건강하길
11 자식 키우며 보람을 느꼈을 때는 언제인지? 딸, 아들 잘 키웠다는 소리 들을 때
12 자식 키우며 힘들었을 때는 언제인지? 고마운 때가 많지 힘들다고 느낀 적은 별로 없음
13 결혼하기 전 엄마의 꿈은 무엇이었는지? 평범하게 사는 것. 행복한 가정을 꾸리는 것
14 엄마랑 제일 친한 친구는 누구인지? 양순이 이모. 초등학교 때부터 지금까지 친한 이모
15 자식들 독립시키고 나니 어떤지? 아빠의 빈자리가 있었는데도 잘 살아줘서 너무 고맙다~
16 사랑을 받는 게 좋은지 주는 게 좋은지? 주는 것도 좋지만 받는 것도 행복하지. 요즘은 받고 싶어.
17 엄마가 좋아하는 날씨는? 너무 덥지 않으면서 바람이 살랑살랑 부는 봄, 가을 날씨
18 여행가고 싶은 곳은 어디인지? 금강산, 독도. 요즘 제일 가보고 싶은 곳은 독도! 울릉도도.
19 다음 세상에 태어난다면? 권력 있고 강단 있는 잘생긴 남자로 태어나고 싶다 ㅋㅋㅋ
20 엄마에게 뻬로는(키우는 강아지) 어떤 존재인지? 엄마의 외로움을 달래주는 고마운 존재
21 힘들거나 좌절하는 순간을 이겨내는 법 남의 시선 신경 안 쓰고 노래 부르면서 계속 걷기
22 아빠 생각이 제일 많이 날 때는 언제인지? 경조사가 있거나 부부동반 모임에 가야 할 때
23 엄마가 할머니가 되면 어떤 기분일 것 같은지? 자식들이 이만큼 커서 어른이 되었구나
24 어떤 말을 들을 때 에너지가 생기는지? 남편 빈자리가 있는데 자식 잘 키웠단 소리 들을 때
25 나이 들었다는 게 서글퍼질 때가 있는지? "엄마는 그냥 지금 엄마 나이가 제일 좋아"
26 다시 돌아가고 싶은 순간이 있는지? "NO. 너무 열심히 살았어서 그냥 지금을 살고 싶어"
27 최근에 제일 기분 좋았던 순간은? 사위가 용돈 주고 비싼 옷 선물해 줬을 때 ㅋㅋㅋ
28 젊은 사람들에게 해주고픈 말이 있다면? 늘 평안하면 좋은 일이 많이 찾아오더라
29 엄마에게 큰 딸이란? "알해 워해 무엇과도 바꿀 수 없는 제일 소중한 딸이지."
30 딸이 이런 거 물어보니 무슨 생각이 드는지? "우리 딸이 엄마가 살아온 삶을 궁금해 하고 엄마를 알아가려고 노력해 주는 게 너무 고맙고 기쁘네. 자주 물어봐줘~ 재미있다"

프롤로그

우연히 인스타그램 게시물에서 '셀프 탐구 일지'라는 것을 보았다. 스스로를 탐구해 보고, 그 내용을 자유롭게 적는 형식이었는데 재미있을 것 같다는 생각에 보자마자 노트를 펼치고 써 내려가기 시작했다. 생각할 시간이 필요하긴 했지만, 그리 어렵지 않게 노트 한 페이지를 빼곡하게 채울 수 있었다. 노트를 덮고 뿌듯한 마음으로 잠자리에 들었는데 이상하게도 잠이 오지 않았다. 기록한 내용을 떠올릴수록 자꾸 엄마가 보고 싶어졌다. 내가 이 세상을 만날 수 있게 해 준 사람, 나라는 존재를 만들어 준 사람이 엄마였기 때문일까. 다시 일어나 책상 앞에 앉아 노트를 펼치고 펜을 들어 정성스럽게 제목을 적었다. '엄마 탐구 일지'라고.

엄마에 관해 기록할 생각에 설레기도 하고, 기록한 내용을 액자에 끼워 선물할 계획도 세웠다. 노트 한 장을 빼곡히 채운 기록을 보면서 엄마가 감동의 눈물을 흘리면 어쩌나 잠시 행복한 상상도 했다. 여기까진 좋았는데, 정말 좋았는데. 자세를 고쳐 앉고 셀프 탐구 일지처럼 노트 가장자리에 숫자 '1'을 쓰려던 순간, 누가 재생 중지 버튼을 누른 줄 알았다. 펜을 든 손이 멈춰 버렸다. 글씨를 너무 많이 써서 잠시 쉬느라 멈춘 게 아니라, 아무것도 쓸 수가 없어서 멈춰 버렸다. 설렘은 온데간데없고, 방 안의 공기는 당황스러움으로 가득 찼다. 하얀 백지에 커서만 깜빡이는 문서 창을 띄워 놓은 작가가 된 기분이었다. 쓰고 싶은 주제가 있는데 단 한 글자도 쓸 수가 없다니. 제목이 '엄마 탐구 일지'인데 엄마에 관해서 쓸 수 있는 게 하나도 없다니.

엄마와 떨어져 산 지 13년이다. 아무리 떨어져 산 세월이 길었어도 20년이 넘도록 나를 키워 주고 매일 얼굴을 보며 지냈던 엄마에 대해 한 줄도 쓰지 못한다는 게 말이 되는 일인지 여러 번 나에게 되물었다. 브런치에 쓰는 엄마에 관한 글도, 지금 당장 머릿속에 떠오르는 엄마의 모습도 엄마의 진짜 이야기가 아닌, 내가 바라보는 엄마일 뿐이었다. 내 이야기를 쓰면서 엄마를 잘 알고 있다고 단단히 착각했다. 그러고 보니 엄마의 이야기에 귀 기울여 본 적이 언제였던가.

오랜만에 통화를 할 때면 내 안부를 전하기 바빴지, 엄마가 어떤 하루를 살았는지 물어본 적은 거의 없다. 생각만 한다고 달라지는 건 없었다. 잠이 오지 않는 밤, 이부자리를 박차고 일어나 다시 책상에 앉았다. 제목을 써 뒀던 페이지를 펼치고 1번부터 30번까지 질문을 써 내려갔다. '엄마를 잘 모른다면, 엄마에게 직접 물어보면 되지!' 더 늦기 전에 엄마를 알아 가고 싶었다.

망설이면 더 미루게 될 것 같았다. 다음 날 용기 내어 엄마에게 전화를 걸었다. 한 시간 넘도록 통화하며 1번부터 30번까지 답을 적는 동안 눈치 없는 눈물 때문에 애를 먹었다.
"우리 딸이 엄마가 살아온 삶을 궁금해하고 엄마를 알아 가려고 노력해 주는 게 너무 고맙고 기쁘네. 자주 물어봐 줘. 재밌다."
엄마의 목소리를 듣는데 엄마의 표정이 눈에 그려졌다. 그날 엄마가 내 눈앞에 있었다면, 아마도 엄마를 껴안고 한참을 울었을 것 같다.

엄마에 관한 이야기를 글로 쓰면서, 엄마를 알아 가는 질문을 생각하면서 때론 아프고, 때론 행복했고, 때론 눈물이 났다. 지극히 개인적인 엄마의 이야기를 세상 밖으로 내보내는 게 맞는지 염려도 되었다. 하지만 용기 내어 이 책을 전하는 이유는 세상 사람들이 다 뒤돌아서도 곁에 있어 줄 단 한 사람이 나에게도, 당신에게도 '엄마'이기 때문이다. 이 책이 누군가에게 엄마를 떠올리는 마중물이 되었으면 좋겠다.

이따금 길을 잃고 헤매다가도 나만의 길을 계속 걸어갈 수 있는 건, 사랑 때문이다. 내 안에 사랑을 가득 심어 준, 오늘따라 더 그리운 두 분께 감사를 전한다.

엄마가 가장 사랑하는 봄날에,
기록 친구 **리니**

Contents

프롤로그 5

작성 가이드 12

PART 1
우리 엄마를 소개합니다 15

PART 2
어쩌면 너무 익숙해서 37

PART 3
엄마와 아빠가 사랑한 시간 59

PART 4
엄마도 엄마가 처음이니까 81

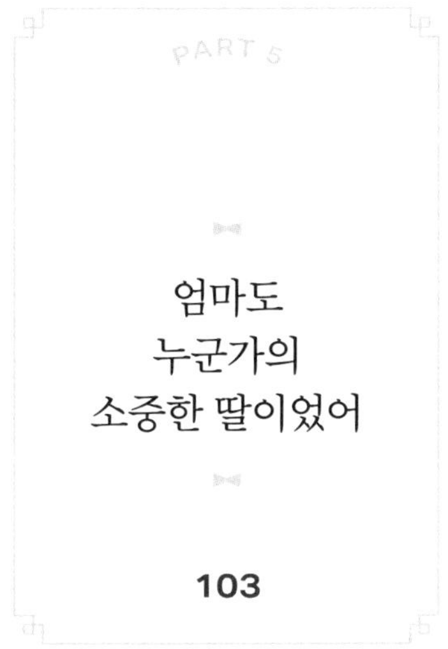
PART 5
엄마도
누군가의
소중한 딸이었어
103

PART 6
엄마가
내 엄마라서
125

PART 7
이제는
내가 엄마를
더 사랑할게
147

작성 가이드

엄마에 대해 생각해 볼 수 있는 질문을 소리 내어 읽어 보세요. 쉽게 답할 수 있는 질문도 있고, 한참을 고민해야 하는 질문도 있을 거예요. 엄마와의 대화를 통해 답할 수 있는 질문도 있고요. 한번에 답을 써 내려가기보다는, 엄마를 떠올리며, 엄마와 이야기하며 천천히 써 내려가는 것을 추천해요.

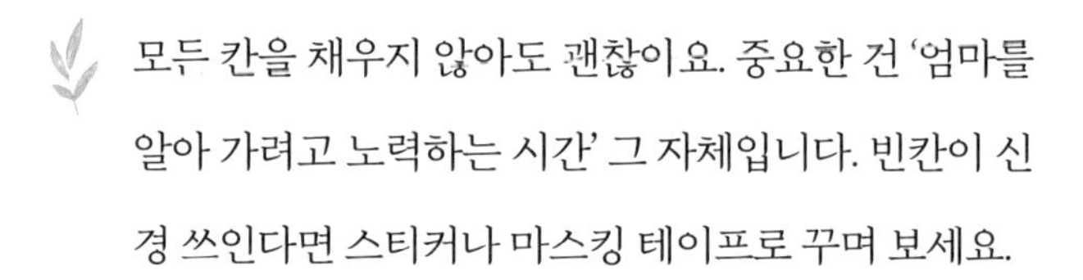

모든 칸을 채우지 않아도 괜찮아요. 중요한 건 '엄마를 알아 가려고 노력하는 시간' 그 자체입니다. 빈칸이 신경 쓰인다면 스티커나 마스킹 테이프로 꾸며 보세요.

기록 형식에 정답은 없어요. 엄마에게 편지를 쓰듯 적어도 좋고, 일기 쓰듯 적어도 좋아요. 자신만의 방식으로 엄마를 탐구하는 시간을 가져 보세요.

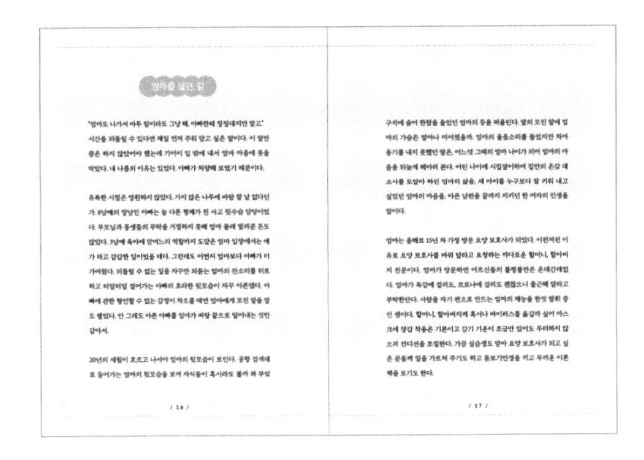

엄마를 닮은 딸

"엄마도 나가서 아무 일이라도 그냥 해. 아빠한테 징징대지만 말고."
시간을 되돌릴 수 있다면 제일 먼저 주워 담고 싶은 말이다. 이 말만큼은 하지 않았어야 했는데 기어이 입 밖에 내서 엄마 마음에 못을 박았다. 내 나름의 이유는 있었다. 아빠가 처량해 보였기 때문이다.

유복한 시절은 영원하지 않았다. 가지 많은 나무에 바람 잘 날 없다던가. 8남매의 장남인 아빠는 늘 다른 형제가 친 사고 뒷수습 담당이었다. 부모님과 동생들의 부탁을 거절하지 못해 엄마 몰래 빌려준 돈도 많았다. 3남매 육아에 맏며느리 역할까지 도맡은 엄마 입장에서는 애가 타고 갑갑한 일이었을 테다. 그런데도 어쩐지 엄마보다 아빠가 더 가여웠다. 되돌릴 수 없는 일을 자꾸만 되묻는 엄마의 잔소리를 뒤로하고 터덜터덜 걸어가는 아빠의 초라한 뒷모습이 자꾸 아른댔다. 아빠에 관한 형언할 수 없는 감정이 차오를 때면 엄마에게 모진 말을 잘도 뱉었다. 안 그래도 아픈 아빠를 엄마가 벼랑 끝으로 밀어내는 것만 같아서.

20년의 세월이 흐르고 나서야 엄마의 뒷모습이 보인다. 공항 검색대로 들어가는 엄마의 뒷모습을 보며 자식들이 혹시라도 볼까 봐 부엌

/ 16 /

구석에 숨어 한참을 울었던 엄마의 등을 떠올린다. 딸의 모진 말에 엄마의 가슴은 얼마나 미어졌을까. 엄마의 울음소리를 들었지만 차마 용기를 내지 못했던 딸은, 어느덧 그때의 엄마 나이가 되어 엄마의 마음을 뒤늦게 헤아려 본다. 어린 나이에 시집살이하며 집안의 온갖 대소사를 도맡아 하던 엄마의 삶을, 세 아이를 누구보다 잘 키워 내고 싶었던 엄마의 마음을, 아픈 남편을 끝까지 지키던 한 여자의 인생을 말이다.

엄마는 올해로 15년 차 가정 방문 요양 보호사가 되었다. 이런저런 이유로 요양 보호사를 바꿔 달라고 요청하는 까다로운 할머니, 할아버지 전문이다. 엄마가 방문하면 어르신들의 불평불만은 온데간데없다. 엄마가 독감에 걸려도, 코로나에 걸려도 괜찮으니 출근해 달라고 부탁한단다. 사람을 자기 편으로 만드는 엄마의 재능을 한껏 발휘 중인 셈이다. 할머니, 할아버지께 혹시나 바이러스를 옮길까 싶어 마스크에 장갑 착용은 기본이고 감기 기운이 조금만 있어도 무리하지 않으려 컨디션을 조절한다. 가끔 실습생도 받아 요양 보호사가 되고 싶은 분들께 일을 가르쳐 주기도 하고 돋보기안경을 끼고 두꺼운 이론책을 보기도 한다.

/ 17 /

짧은 에세이를 읽고 다양한 질문에 차근차근 답을 적어 보세요.

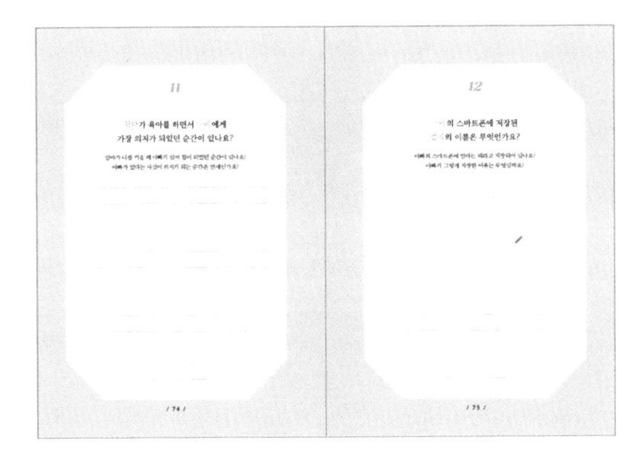

아빠에 대해서도 적어 보세요. 엄마와 아빠의 새로운 모습을 알게 될 거예요.

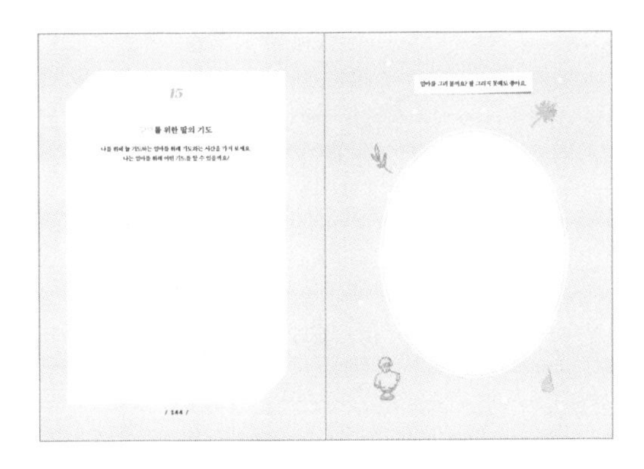

질문 외에도 다양한 페이지를 꾸며 보세요. 엄마를 더욱 사랑하게 될 거예요.

Telling About My Mom

우리
엄마를
소개합니다

PART 1

엄마를 닮은 일

"엄마도 나가서 아무 일이라도 그냥 해. 아빠한테 징징대지만 말고."
시간을 되돌릴 수 있다면 제일 먼저 주워 담고 싶은 말이다. 이 말만큼은 하지 않았어야 했는데 기어이 입 밖에 내서 엄마 마음에 못을 박았다. 내 나름의 이유는 있었다. 아빠가 처량해 보였기 때문이다.

유복한 시절은 영원하지 않았다. 가지 많은 나무에 바람 잘 날 없다던가. 8남매의 장남인 아빠는 늘 다른 형제가 친 사고 뒷수습 담당이었다. 부모님과 동생들의 부탁을 거절하지 못해 엄마 몰래 빌려준 돈도 많았다. 3남매 육아에 맏며느리 역할까지 도맡은 엄마 입장에서는 애가 타고 갑갑한 일이었을 테다. 그런데도 어쩐지 엄마보다 아빠가 더 가여웠다. 되돌릴 수 없는 일을 자꾸만 되묻는 엄마의 잔소리를 뒤로하고 터덜터덜 걸어가는 아빠의 초라한 뒷모습이 자꾸 아른댔다. 아빠에 관한 형언할 수 없는 감정이 차오를 때면 엄마에게 모진 말을 잘도 뱉었다. 안 그래도 아픈 아빠를 엄마가 벼랑 끝으로 밀어내는 것만 같아서.

20년의 세월이 흐르고 나서야 엄마의 뒷모습이 보인다. 공항 검색대로 들어가는 엄마의 뒷모습을 보며 자식들이 혹시라도 볼까 봐 부엌

구석에 숨어 한참을 울었던 엄마의 등을 떠올린다. 딸의 모진 말에 엄마의 가슴은 얼마나 미어졌을까. 엄마의 울음소리를 들었지만 차마 용기를 내지 못했던 딸은, 어느덧 그때의 엄마 나이가 되어 엄마의 마음을 뒤늦게 헤아려 본다. 어린 나이에 시집살이하며 집안의 온갖 대소사를 도맡아 하던 엄마의 삶을, 세 아이를 누구보다 잘 키워 내고 싶었던 엄마의 마음을, 아픈 남편을 끝까지 지키던 한 여자의 인생을 말이다.

엄마는 올해로 15년 차 가정 방문 요양 보호사가 되었다. 이런저런 이유로 요양 보호사를 바꿔 달라고 요청하는 까다로운 할머니, 할아버지 전문이다. 엄마가 방문하면 어르신들의 불평불만은 온데간데없다. 엄마가 독감에 걸려도, 코로나에 걸려도 괜찮으니 출근해 달라고 부탁한단다. 사람을 자기 편으로 만드는 엄마의 재능을 한껏 발휘 중인 셈이다. 할머니, 할아버지께 혹시나 바이러스를 옮길까 싶어 마스크에 장갑 착용은 기본이고 감기 기운이 조금만 있어도 무리하지 않으려 컨디션을 조절한다. 가끔 실습생도 받아 요양 보호사가 되고 싶은 분들께 일을 가르쳐 주기도 하고 돋보기안경을 끼고 두꺼운 이론책을 보기도 한다.

"이 나이에 집에서 놀면 뭐 하니? 일이라도 하면 좋지."

엄마는 늘 말하지만, 나는 안다. 엄마가 이 일을 얼마나 사랑하는지. 할머니, 할아버지들과 있었던 일을 얘기할 때면 엄마의 눈빛은 반짝인다. 자식 자랑할 때 신나는 엄마의 마음처럼, 어르신들의 귀여운 면모를 쉬지 않고 늘어놓는다. 어르신들이 왜 자신을 좋아하는지 그 이유를 나름 분석해서 말해 주는데 올라가는 입꼬리만큼 엄마의 자존감도 올라가는 게 보인다. 할머니, 할아버지들이 "조 선생"이라 부를 때마다, 그들이 엄마의 도움을 필요로 할 때마다 엄마는 우리 엄마가 아닌 '조현희'라는 한 사람, 온전한 자기 자신으로 존재한다.

엄마에게 내뱉은 모진 말 뒤에 숨은 나의 진심은 엄마가 자신을 위해 살길 바라는 딸의 마음이었는지도 모르겠다. 딸의 모진 말 때문이었는지, 운명이었는지 모르겠지만 엄마는 '요양 보호사 조 선생'이 되었다.

세상을 이롭게 하는 일에 이바지하는 엄마가, 도움이 필요한 약자의 편에 서서 돌봄이라는 소중한 가치를 선물하는 엄마가 자랑스럽다. 그리고 이 일은 사람을 소중히 여기고 곁을 내어 주면 뭐든 다 주는 엄마의 모습을 많이 닮았다. 엄마의 건강이 허락되는 한, 엄마를 닮은 이 일을 행복한 마음으로 할 수 있었으면 좋겠다.

1

엄마의 이름은 무엇인가요?

엄마의 이름은 무엇인가요? 엄마의 이름은 무슨 뜻일까요?
엄마의 이름과 내가 생각하는 뜻을 적어 보세요.

이름

2

엄마의 나이는 몇 살인가요?

엄마의 나이는 몇 살인가요?
엄마가 태어난 해, 태어난 날에는 어떤 일이 있었을까요?

년 월 일 세

3

엄마는 어디에서 태어났나요?

엄마가 태어나 자란 곳은 어디인가요?
엄마의 고향 풍경은 어떤가요?

4

엄마의 형제자매 관계는 어떻게 되나요?

엄마에게 언니나 오빠, 남동생이나 여동생이 있나요?
엄마는 어떤 유년 시절을 보냈을까요?

5

엄마의 키는 몇 센티미터인가요?

엄마의 선물을 살 때 엄마의 신체 사이즈를 몰라서
난감했던 기억이 나요. 엄마의 키는 몇 cm인가요?
엄마의 상체, 하체, 신발 사이즈는 알고 있나요?

키 cm

6

엄마의 혈액형은 무엇인가요?

MBTI 이전에 혈액형별 성격이 유행하던 시절이 있었죠.
엄마의 혈액형은 무엇인가요? 혈액형 특징에 부합하는 엄마의 모습이 있나요?

혈액형 형

7

엄마의 직업은 무엇인가요?

엄마는 이전에 무슨 일을 했었나요?
엄마는 지금 무슨 일을 하고 있나요?
직업인으로서의 엄마는 어떤 모습인가요?

직업

8

엄마의 특기는 무엇인가요?

엄마만의 특별한 기술이나 재능이 있나요?
요리, 운동, 뜨개질, 아빠 다루기 등 그 어떤 것도 좋아요.
엄마만의 특기를 적어 보세요.

특기

9

엄마의 취미는 무엇인가요?

엄마가 즐겨 하는 취미가 있나요?
엄마는 무엇을 할 때 즐거워 보이나요?

취미

10

엄마의 습관은 무엇인가요?

엄마만의 독특한 습관이 있나요?
엄마의 습관 세 가지를 적어 보세요.

엄마의 첫 번째 습관은

엄마의 두 번째 습관은

엄마의 세 번째 습관은

11

엄마의 별명은 무엇인가요?

엄마에게 별명이 있나요?
그런 별명을 가지게 된 이유는 무엇인가요?

별명

12

엄마를 생각하면 떠오르는 '연관 검색어'가 있나요?

엄마를 포털 사이트에서 검색한다고 상상해 보세요.
어떤 연관 검색어가 나올까요?

13

엄마의 성격을 한마디로 표현하면 뭐라고 표현할 수 있나요?

엄마의 성격은 어떤가요?
내가 생각하는 엄마의 성격을 한마디로 표현해 보고,
그렇게 표현한 이유를 적어 보세요.

14

엄마를 소개할 때 틀고 싶은 배경 음악이 있다면 어떤 노래일까요?

누군가에게 엄마를 소개할 때 배경으로 들려주고 싶은 노래가 있나요?
그 노래를 선택한 이유는 무엇인가요?

♬

15

우리 엄마를 소개합니다.

누군가에게 엄마를 소개한다면 뭐라고 소개하고 싶나요?
엄마 얼굴을 그리거나 사진을 붙여 보고 소개하는 글도 써 보세요.

이름	별명
생년월일	직업
혈액형	형제관계
신체 사항	취미, 특기

엄마 소개서

우리 엄마는요

어쩌면
너무
익숙해서

PART 2

I See You

나이를 먹을수록 엄마를 잊는 날이 잦아진다. 나의 세계가 넓어질수록 나의 세계를 만들어 준 엄마의 흔적이 점점 옅어져 간다. 문득 이런 생각이 들 때면 스마트폰 잠금 화면을 풀고 통화 목록을 한참 내려 엄마에게 전화를 건다. 전화를 받은 엄마는 늘 같은 질문을 한다.
"어디야? 뭐 해? 밥은?"

짧은 대답을 하고 나면 엄마의 이야기가 이어진다. 같은 말을 여러 번 하고, 얘기가 길어지면 전화를 끊을 때가 되었다는 신호다. 엄마는 전화를 끊을 때도 항상 같은 말을 한다.
"항시 몸조심하고, 무리하지 말고."

이상하다. 전화기 너머 엄마의 목소리는 밝은데 내 마음은 그렇지 않다. 분명 엄마를 잊고 지낸 게 미안해서 전화를 걸었는데, 왜 전화를 빨리 끊게 되는 걸까. 평소 마음을 잘 표현하지 못하는 아쉬움을 달래고 싶어서 가끔 엄마를 보러 가는 날이면 머무는 내내 엄마의 모습을 자세히 보며 눈과 마음에 담는다.

엄마는 안방에, 나는 독립한 막냇동생 방에서 잔다. 반려견 빼로가 안방과 동생 방 사이를 왔다 갔다 하는데 이 녀석은 기가 막히게 엄마의 출근 시간을 안다. 빼로가 안방 문을 앞발로 긁으면 엄마가 기지개를 켜고 팔다리를 쭉 뻗는 소리가 들린다. 2분 정도 지나면 부엌에서 달그락거리는 소리가 난다. 컵을 꺼내 정수기 버튼을 누르는 소리도 난다. 유튜브에서 따뜻한 물과 뜨거운 물을 섞어 먹는 음양탕이 몸에 좋다고 했다며 엄마는 눈뜨면 무조건 음양탕을 한 잔씩 마신다.

다음에는 냉장고 여는 소리가 들린다. 채를 썰고 숟가락이 그릇에 부딪히는 소리가 나는 것으로 보아 달걀 푼 물에 사과 채를 넣어 달걀말이를 만드나 보다. 이것도 어느 박사님이 추천한 메뉴란다. 엄마를 졸졸 쫓아다니는 빼로에게 "우리 빼로 잘 잤어?" 하며 특유의 멜로디를 담은 혼잣말을 건네며 출근 준비를 한다. "엄마 빨리 올게"를 외치며 현관문이 닫혔는데 다시 비밀번호 누르는 소리가 들린다. 고구마를 삶으려고 냄비를 올렸는데 가스 불을 잠갔는지 확인하러 들어온 것이다. 깜빡한 게 있는지 불안한 마음에 꼭 한 번씩 다시 들어온다.

퇴근 후 집에 돌아온 엄마는 화장실 입구를 먼저 살핀다. 혼자 있는 동안 빼로가 배변 실수를 했을까 싶어서다. 화장실 안에 배변을 했으면 "우리 빼로 착하지. 엄마 없어서 심심했는데 잘 기다렸지. 엄마랑 산책하자"라며 상냥하게 말을 건넨다. 반대로 실수를 했을 땐 목소리가 커진다. 빼로도 엄마의 눈길을 피할 수 있는 곳으로 사라진다.

빼로와 산책하고 저녁을 챙겨 먹은 엄마는 짐볼을 TV 앞에 가져다 놓고 일일 드라마를 튼다. 주인공에게 감정 이입을 하고 악역에게는 욕도 서슴없이 한다. 드라마가 끝나면 트로트 경연 프로그램을 볼 차례다. 화요일, 수요일, 목요일에 보는 프로그램이 각각 다르다. TV에서 광고가 나올 땐 재빨리 유튜브 앱을 열어 임영웅의 노래를 듣는다. 트로트 가수들의 무대를 보다가 크게 웃는 엄마를 보면 저렇게 좋은가 싶다가도 엄마의 하루를 웃음으로 마무리하게 해 준 그들에게 고마운 마음이 든다.

"빼로야, 엄마 잔다. 잘 자."
드디어 엄마가 잠자리에 들었다. 한 시간쯤 지났을까. 화장실에 가려고 방에서 나왔는데 안방에서 임영웅의 노래가 흘러나온다. 아직도 안 주무시나 싶어서 방문을 살짝 열었다. 넓은 침대에 아기처럼 몸을 웅크린 엄마가 자고 있다. 머리맡에 있는 스마트폰에는 임영웅 노래 연속 듣기 영상이 틀어져 있다.

아, 이 시점에 눈물이 나는 게 맞는 건가. 참아 보려 하지만 걷잡을 수 없이 흐르는 눈물을 막을 수가 없다. 돌아가신 아빠, 독립한 자식들의 빈자리를 채우고 있는 노래가 유난히 엄마의 마음 같은 밤이었다.

엄마 집에 머무는 내내 엄마를 자세히 보다가 새로운 사랑이 시작되고야 말았다. 유튜브에서 본 운동을 따라 하는 웃긴 모습도, 같은 말을 여러 번 반복하는 습관도, 전화할 때마다 매번 똑같은 질문을 하는 말투도 그저 귀엽다. 있는 그대로의 엄마를 더 많이 사랑하고 싶어졌다. 영화 〈아바타〉에서 네이티리가 제이크 설리를 바라보며 한 말을 엄마에게 하고 싶다.
"엄마, I see you."

✦

1

엄마가 좋아하는 음식은 무엇인가요?

엄마가 해 주는 음식은 많이 먹었지만,
엄마가 어떤 음식을 좋아하는지는 생각해 본 적이 없는 것 같아요.
엄마는 어떤 음식을 좋아하나요?

2

엄마가 좋아하는 계절은 언제인가요?

사계절 중 엄마는 어떤 계절을 가장 좋아하나요?
엄마는 그 계절을 왜 좋아하나요?

봄 여름 가을 겨울

3

엄마가 가장 좋아하는 노래는 무엇인가요?

엄마가 가장 좋아하는 노래를 알고 있나요?
노래 제목과 가사도 함께 적어 보세요.

♬

4

요즘 엄마의 최대 관심사는 무엇인가요?

요즘 엄마의 제일가는 관심사는 무엇인가요?
잘 모르겠다면 엄마가 어떤 것에 대해 자주 이야기하는지 떠올려 보세요.

5

엄마의 메신저 프로필은 어떤 사진인가요?

엄마의 메신저 프로필을 확인해 보세요.
엄마는 주로 어떤 사진을 프로필로 올리나요?
엄마가 지금 사진을 프로필 사진으로 해 놓은 이유는 무엇일까요?

6

엄마와 가장 친한 친구는 누구인가요?

엄마의 가장 친한 친구를 알고 있나요?
어떤 계기로 그 친구와의 인연이 시작되었나요?

7

엄마는 어떨 때 행복할까요?

엄마는 행복할 때 어떤 표현을 하나요?
엄마는 언제 행복을 느낄까요?

8

엄마는 혼자 있을 때 무엇을 하며 지낼까요?

엄마는 혼자만의 시간을 어떻게 보낼까요?
혼자 있을 때 어떤 생각을 하며 지낼까요?

9

요즘 엄마의 고민은 무엇일까요?

요즘 엄마는 어떤 고민을 하고 있을까요?
엄마의 고민에 대해 해 주고 싶은 말이 있나요?

10

엄마의 스마트폰에 내 연락처는 뭐라고 저장되어 있을까요?

내 스마트폰에 엄마의 연락처는 뭐라고 저장되어 있나요?
엄마의 스마트폰에 내 연락처는 뭐라고 저장되어 있나요?
엄마는 왜 나를 그 이름으로 저장했을까요?

11

엄마가 이름으로 불려 본 적은 언제일까요?

엄마가 누구의 엄마가 아닌 엄마의 이름으로 불려 본 적은 언제일까요?
누군가 엄마의 이름을 부르면 엄마는 어떤 기분이 들까요?
엄마에게 전화를 걸어 "엄마"가 아닌 이름을 부르면 어떤 반응을 보일까요?

12

내 스마트폰 사진첩에 엄마의 최근 사진이 있나요?

스마트폰 사진첩을 열어 보세요. 어떤 사진이 들어 있나요?
엄마의 요즘을 찍은 사진이 있나요?
가장 마지막으로 찍은 엄마의 사진을 붙이고 어떤 생각이 드는지 적어 보세요.

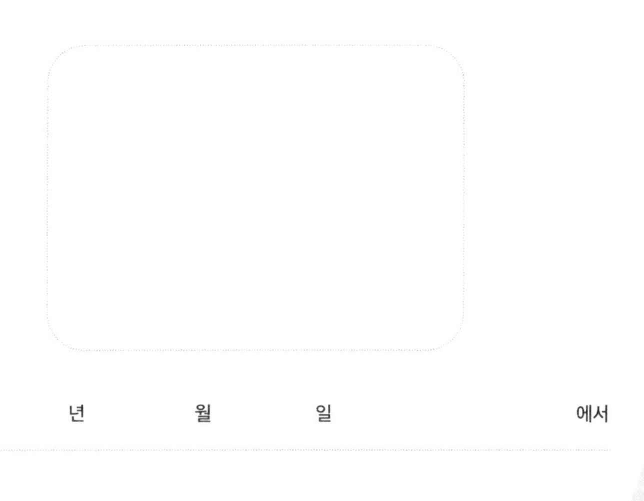

년 월 일 에서

13

엄마에게 사랑한다고 마지막으로 말한 게 언제인가요?

엄마에게 사랑의 마음을 표현한 적이 있나요?
사랑한다고 마지막으로 표현한 건 언제인가요?
엄마에게 사랑을 표현하는 게 왜 어려울까요?

14

최근에 엄마를 안아 본 적 있나요?

엄마가 나를 안았을 때는 언제인가요?
엄마가 안아 줄 때를 생각하면 어떤 마음이 드나요?
엄마를 안아 본 적이 있나요? 엄마를 안았을 때 어떤 기분이 들었나요?

15

최근 엄마와 나눈 대화는 무엇인가요?

최근 엄마와 마주 보고 대화를 나눈 적이 있나요?
최근 안부 전화를 한 적은 있나요?
엄마와 어떤 대화를 나눴는지 떠올려 보세요.

가장 좋아하는 엄마 사진을 붙여 보세요.

The Time They Loved

엄마와 아빠가 사랑한 시간

PART 3

아빠가 정말 그랬다고?

인스타그램에 올린 '엄마 탐구 일지'에 "가장 기억에 남는 아빠와의 추억은?"이라는 질문이 있다. 아빠를 떼어 놓고서는 엄마를 설명할 수 없기에 넣었던 질문이다. 불렛 저널 노트에 이 질문을 쓸 때만 해도 몰랐다. 아빠로서의 아빠와 한 여자의 남편으로서의 아빠는 이렇게도 다를 수 있다는 걸. 내가 아는 아빠는 무뚝뚝하고 어쩌다 한 번 시답지 않은 아재 개그를 던지는 심심한 아저씨였는데 엄마가 아는 아빠는 로맨스 드라마의 남자 주인공이었다. 엄마는 전화기 너머 내 질문이 끝나기도 전에 결혼식 날 이야기를 꺼냈다.

"결혼식 끝나고 한복으로 갈아입었거든. 친척들한테 인사드리러 가려고 차에 탔는데 아빠가 조수석에 있는 엄마를 가만히 보는 거야. 엄마가 왜 그러냐고 물으니까 갑자기 엄마 볼을 꼬집으면서 '우리 예쁜이, 예쁘다'라고 말했어. 그 말을 할 때의 아빠 표정이 아직도 생생히 기억이 나."

세상에. 아빠가 엄마에게 "우리 예쁜이"라고 했단다. 게다가 볼을 꼬집었다고? 믿어지진 않았지만, 나도 모르게 운전석에 앉아 서로를 바라보는 엄마, 아빠의 모습을 상상했다. 그리고 이내 눈앞이 뿌옇게 흐려졌다. 전화기 너머로 들리는 상기된 엄마의 목소리가 연애를 막 시작한 20대 청춘인 것 같아서, 이제는 목소리도 희미해진 아빠의 모습을 아직도 어제 일처럼 기억하고 있는 엄마가 괜히 서글퍼서.

눈물이 나는 걸 들키지 않으려고 급히 휴지로 코를 틀어막았다. 가장 기억에 남는 추억 한 가지만 얘기해 보라고 했는데 엄마의 대답은 멈출 기미가 없었다. 어쩌면 멈추기 싫었는지도 모르겠다. 누구의 엄마, 아빠가 아닌 20대 청춘의 이야기를 물어보는 사람은 아무도 없었으니까.

"엄마가 너를 임신한 걸 알았을 때 일이야. 아빠에게 처음으로 임신 소식을 말했지. 아빠가 그 얘기 듣자마자 어떻게 했는지 알아? 일어나서 갑자기 저 멀리 뛰어가더니 다시 달려오면서 배구 선수처럼 엄청 높이 뛰더라고. 손을 위로 쭉 뻗고 '야호'를 외치는데 얼마나 웃겼는지 몰라. 그렇게 좋았나 싶어."

다시 휴지로 급하게 코를 틀어막아도 눈치 없는 눈물은 멈추지 않았다. 20대의 젊은 부부에게 온 나라는 존재는 어떤 의미였을까. 아빠는 무슨 생각을 했을까. 엄마는 아빠를 바라보며 무슨 생각을 했을까. 엄마에게 아빠의 이야기를 들을수록 한 생명을 키우며, 연이어 찾아온 또 다른 생명을 키우며 살아 낸 젊은 부부의 날들이 궁금해졌지만, 더 듣다가는 눈물을 결국 들킬 것 같아 급하게 다음 질문으로 넘어갔다.

남편과 언젠가 찾아올 아기에 관해 대화를 나눌 때면 엄마가 했던 아빠의 이야기가 떠오른다. 임신 소식을 전하면 남편도 아빠처럼 "야호"를 외치며 점프를 할까? 어떤 표정으로 나를 바라볼까? 새 생명의 탄생을 기다리며 우리는 어떤 시간을 보내게 될까? 여러 번 상상한다. 그러고는 남편을 가만히 바라본다. 내가 세상에서 제일 의지하는 한 사람을 바라보는 내 마음을 마주하게 될 때마다 돌아가신 아빠의 모습을 생생하게 기억하는 엄마의 마음을 만난다.

"엄마, 딸의 기억에서는 아빠가 흐려져도 엄마의 기억에서는 그렇지 않나 봐. 고마워. 내가 알지 못하는 아빠의 모습을 여전히 기억해 줘서. 아빠와 결혼하고 나를 이 세상에 태어나게 해 줘서. 세상에 보이지 않는 수많은 것에 관한 믿음을 심어 줘서. 무엇보다 내 엄마가 되어 줘서 정말 고마워."

◆

1

결혼하기 전 엄마의 꿈은 무엇이었을까요?

결혼하기 전에 엄마는 어떤 모습이었나요?
엄마는 어떤 미래를 꿈꿨을까요?

2

엄마, 아빠의 첫 만남은 어땠나요?

엄마와 아빠는 언제, 어디서, 어떻게 만났나요?
첫 만남은 어떤 풍경이었을까요?

3

엄마가 아빠에게 끌렸던 이유는 무엇일까요?

아빠의 어떤 점이 엄마의 마음을 사로잡았을까요?
엄마가 아빠와 결혼하겠다고 마음먹은 순간은 언제일까요?

4

엄마와 아빠의 결혼 생활은 어땠나요?

엄마가 꿈꿨던 아빠와의 결혼 생활은 어떤 모습이었을까요?
결혼 전과 달라진 점이 있다면 무엇일까요?

5

가장 기억에 남는 아빠의 선물은 무엇일까요?

엄마는 아빠에게 어떤 선물을 받았을까요?
아빠가 준 선물 중 엄마가 가장 마음에 들었던 선물은 무엇일까요?

6

엄마에게 가장 기억에 남는
아빠와의 추억은 무엇인가요?

가장 기억에 남는 엄마와 아빠의 추억은 무엇일까요?
그 추억이 기억에 남는 이유는 무엇일까요?

7

엄마는 아빠 때문에 눈물이 난 적이 있나요?

아빠가 엄마를 울린 적이 있나요?
아빠 때문에 울있던 이유는 무엇일까요?

8

엄마의 임신 소식을 처음 들었을 때 아빠의 반응은 어땠나요?

엄마가 나를 임신했다는 소식을 아빠에게 처음 전했을 때,
아빠는 어떤 반응을 보였을까요?

9

내가 세상에 태어났을 때
아빠가 엄마에게 한 말은 무엇인가요?

내가 태어난 순간 아빠는 엄마에게 어떤 말을 했나요? 어떤 표정이었나요?
나를 안고 있는 아빠를 보며 엄마는 무슨 생각을 했나요?

내가 예상한 반응

아빠의 반응

10

엄마가 보기에 나와 아빠가 닮은 점은 무엇인가요?

아빠와 내가 닮은 점이 있다면 무엇이 있나요?
무엇 때문에 그 부분이 닮았다고 생각하나요?

사진을 붙여 보세요.

아빠

사진을 붙여 보세요.

나

11

엄마가 육아를 하면서 아빠에게
가장 의지가 되었던 순간이 있나요?

엄마가 나를 키울 때 아빠가 있어 힘이 되었던 순간이 있나요?
아빠가 있다는 사실이 의지가 되는 순간은 언제인가요?

12

아빠의 스마트폰에 저장된 엄마의 이름은 무엇인가요?

아빠의 스마트폰에 엄마는 뭐라고 저장되어 있나요?
아빠가 그렇게 저장한 이유는 무엇일까요?

13

엄마의 스마트폰에 저장된 아빠의 이름은 무엇인가요?

엄마의 스마트폰에 아빠는 뭐라고 저장되어 있나요?
아빠의 이름을 그렇게 저장한 이유는 무엇인가요?

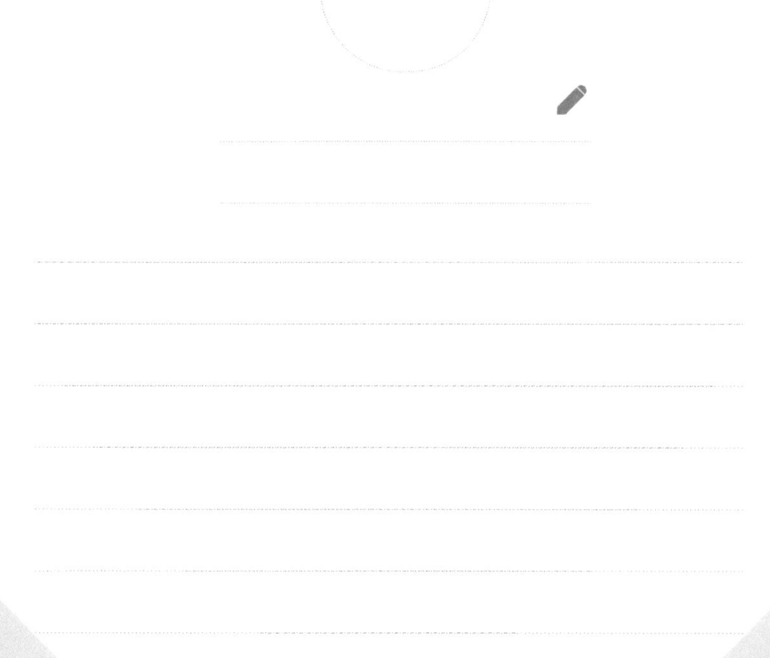

14

아빠와 엄마의 궁합은 몇 점인가요?

아빠와 엄마의 궁합은 몇 점이라고 생각하나요?
왜 그렇게 생각하나요?

점

15

엄마에게 아빠는 어떤 존재인가요?

아빠를 다섯 글자로 표현한다면 뭐라고 하고 싶나요?
엄마에게 아빠는 어떤 존재인가요?

아빠는 ○○○○○

엄마와 아빠 둘만 찍은 사진을 붙여 보세요.

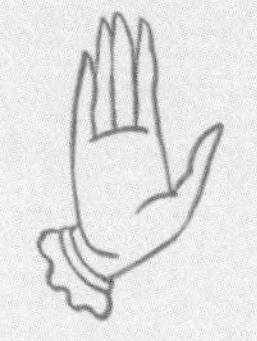

Becoming A Mom

엄마도
엄마가
처음이니까

PART 4

나보다 열 살 어린 엄마

얼마 전 같은 직장에서 일했던 동료들을 만났다. 나를 제외한 모두가 육아 중이라 시간 맞추기가 쉽지 않았는데 드디어 다 같이 보는 날이 왔다. 시간이 흐른 만큼 얼굴에도 제법 나이가 묻어나고 대화 주제도 바뀌었다. 직장, 상사 이야기는 온데간데없고 육아, 엄마의 삶을 자연스레 나눈다. 예전엔 육아 이야기가 지루하기 짝이 없었는데 엄마가 되고 싶은 소망을 품고 듣는 그들의 이야기는 어쩐지 등을 떼고 귀 기울여 듣게 된다.

"언니, 난 나이 서른이 되도록 뭐 하면서 살았나 싶어요. 아이 어린이집 보내고 뭐라도 해볼까 싶은데 뭐부터 해야 할지 너무 두렵고 막막해요."

스물일곱 살에 첫째를 낳고 얼마 전에 둘째가 돌이 된 동료가 어렵사리 마음을 털어놓았다. 마냥 풋풋하고 귀엽고 발랄했던 그가 아이 둘의 엄마가 되어 이런 고민을 하고 있다니. 대견하기도 하고 안쓰럽기도 해서 할 수 있다고, 기죽지 말라고 힘껏 응원해 주었다.

그러고 보니 엄마가 나를 낳은 나이는 스물여섯이다. 스물여섯 살의 난 한참 사회생활을 하고 있었는데 엄마는 말 그대로 엄마가 되었다. 지금의 나보다 어린 엄마의 삶은 어땠을까? 도무지 상상이 안 되는 풍경이다. 언젠가 엄마와 TV를 보다가 오은영 박사님이 나오는 프로그램을 본 적이 있다.

"엄마, 진짜 대단해. 아이 하나 키우기가 저렇게 어려운데 성별도 다르고, 성향도 다른 삼 남매를 어찌 키웠대?"
내 질문에 엄마는 한참을 웃다 말을 이었다.

"너를 잃어버릴 뻔한 적이 있어. 온종일 널 찾아다니다가 캄캄한 밤이 되었는데 바닥에 있는 커다란 돌이 혹시 너일까 봐 엉엉 울면서 뒤집어 봤던 기억이 나. 무슨 정신이었는지 모르겠어. 엄마도 엄마가 처음이잖아. 부족함 없이 키우고 싶어서 노력했는데 늘 미안하지."

〈응답하라 1988〉에 나왔던 대사를 엄마가 그대로 했다. 화가 난 딸 덕선이에게 아빠 성동일이 생일 케이크를 내밀며 했던 그 말을. 엄마도 엄마가 처음이었다며 나이 마흔이 다 되어 가는 딸에게 무심히 내뱉은 고백은 그간의 서운했던 감정을 단 1초 만에 눈 녹듯 녹여 버렸다. 아빠가 내미는 케이크에 눈물 흘리던 덕선이의 마음도 내 마음 같았을까.

딸에게 엄마란 붙어 있으면 다투기 바쁘고 떨어져 있으면 그리운 존재다. 이해하고 싶어도 이해가 되지 않고, 이해되다가도 왜 저러나 싶을 때도 있는 그런 존재 말이다. 엄마의 고백을 들어서였는지, 우연히 다시 본 엄마의 젊은 시절 사진 때문인지 어느 순간부터 엄마가 스물여섯처럼 보이기 시작했다. 핑크색 플랫슈즈를 신고 있는 사진 속 엄마는 결혼하기 전 어떤 삶을 꿈꿨을까? 태어나 처음 해 보는 엄마로서의 삶은 어땠을까? 혼나고 잠든 나를 바라볼 때면 미안함에 홀로 눈물짓지는 않았을까?

스물여섯의 엄마는 어느덧 환갑이 되었다. 평생을 자식에게 모든 걸 내어 주고선 좋은 엄마가 되지 못해 미안하다고, 더 주지 못해 미안하다고 말한다. 내게 인생을 선물해 주고, 사랑이 무엇인지 알려 준 엄마가 미안하다고 말한다. 세상이 살아 볼 만한 곳임을 알려 준 것도,

이 세상을 건강한 몸과 마음으로 살아 낼 수 있는 것도 자신의 청춘과 맞바꿔 가며 기꺼이 내어 준 따뜻한 품 때문인 줄도 모르고 미안하다고 말한다.

자신을 둘러싼 세상을 제대로 볼 기회가 없었던 스물여섯의 엄마를 토닥이고 싶다. 세상을 향해 아장아장 첫발을 내디딘 순간부터 나의 모든 처음을 이해하고 기다려 준 엄마에게 이제는 딸의 품을 내어 드리고 싶다. 엄마가 처음이었던 엄마의 삶을 이해하고, 한 여자로서의 삶을 다시 시작하는 엄마의 또 다른 처음을 열렬히 응원하고 싶다. 나보다 열 살 어린 스물여섯의 엄마를 마음으로 안는 순간, 새로운 세상을 향한 엄마의 날갯짓이 시작되었다. 인생은 60부터! 엄마의 인생은 지금부터 시작이다.

1

나를 임신했다는 사실을 처음 알게 되었을 때 엄마는 어떤 생각을 했나요?

엄마는 나를 임신했다는 사실을 어떻게 알게 되었나요?
임신한 사실을 알고 제일 처음 든 생각은 무엇인가요?

2

내가 태어난 순간 엄마는 어떤 기분이 들었나요?

내가 태어났을 때를 기억하나요?
내가 울음소리를 내며 세상에 나오던 그때, 엄마는 어떤 기분이 들었나요?

3

나를 키우면서 엄마가 가장 행복했던 순간은 언제인가요?

엄마는 나를 키우면서 언제 가장 행복했나요?
왜 그 순간이 가장 행복했나요?

4

나를 키우면서 엄마가
가장 힘들었던 순간은 언제인가요?

나를 키우면서 힘들다는 생각이 들 때가 있었나요?
언제, 무엇 때문에 가장 힘들었나요?

5

엄마는 나를 키우면서 후회되거나 미안한 마음이 든 적이 있나요?

나를 키우며 후회되는 순간이 있었나요?
미안한 마음이 든 적이 있었나요?

6

엄마의 눈에 내가 자랑스러울 때는 언제인가요?

내가 엄마의 자식인 게 자랑스러울 때는 언제인가요?

7

엄마는 나에게 서운함을 느낀 적이 있나요?

내가 엄마를 서운하게 했던 적이 있나요?
어떤 점이 서운했나요?

8

내 나이일 때 엄마는 어떤 모습이었나요?

내 나이일 때 엄마는 무엇을 하고 있었나요?
엄마가 기억하는 내 나이 때의 모습은 어떤 모습인가요?

사진을 붙여 보세요.

사진을 붙여 보세요.

엄마

나

9

엄마가 알면서도 나를 위해 모른척해 준 일이 있나요?

내가 한 일 중 나를 위해 모른척해 준 일이 있나요?

10

가족들 모르게 엄마 혼자 울었던 적이 있나요?

아무도 모르게 엄마 혼자 울었던 적이 있나요?
왜 눈물이 났었나요?

11

엄마가 외로움을 느꼈던 적은 언제인가요?

엄마가 외로움을 느낀 때는 언제인가요?
엄마라서 외롭다는 생각을 한 적이 있나요?

12

육아를 하는 과정에서 엄마에게 상처가 된 일이 있나요?

나를 키우면서 엄마의 마음에 상처가 된 일이 있나요?
그때의 마음은 어땠나요?

13

성인이 된 자식을 바라보는
엄마의 마음은 어떤가요?

다 큰 자식을 보며 엄마는 무슨 생각을 하나요?
엄마의 마음은 어떤가요?

14

엄마에게 나는 어떤 존재인가요?

엄마에게 나는 어떤 의미인가요?
엄마에게 나는 어떤 존재인가요?

15

엄마라는 이름으로 살아온 엄마의 인생은 어땠나요?

엄마에게 '엄마'라는 단어는 어떤 의미인가요?
엄마라는 이름으로 살아온 인생은 엄마에게 어떤 것들을 가져다주었나요?

엄마의 인생을 살펴 볼까요.
엄마의 인생에서 중요한 일들은 무엇이었나요?

세

세

세

세

Every Mom Is A Daughter

엄마도 누군가의 소중한 딸이었어

PART 5

금쪽같은 우리 엄마

몇 년 전 외할아버지께서 폐암으로 돌아가셨다. 할아버지의 장례식 날은 아빠가 돌아가신 이후로 어린아이처럼 엉엉 우는 엄마의 모습을 두 번째로 본 날이기도 하다. 세상에서 가장 사랑하는 남자 둘을 연이어 떠나보낸 엄마의 손을 잡고 기도했다. 아빠와 할아버지가 엄마의 꿈에 가끔 찾아와 줬으면 좋겠다고. 세상에 혼자 남겨진 것 같은 어떤 하루를 살아가게 되는 그런 날, 자식들에게 걱정 끼치기 싫어 혼자 끙끙대는 그런 날 꿈에 찾아와서 엄마를 따뜻하게 안아 줬으면 좋겠다고.

할아버지는 손녀인 나에게도 다정하고 재밌는 할아버지로 남아 있는데 아직도 기억나는 추억이 있다. 긴 쇠 막대기 같이 생긴 경운기 시동 핸들을 할아버지 특유의 바운스에 맞춰 힘차게 돌리면 엔진이 있는 곳에서 까만 연기가 나온다. 2~3초 정도 기다리면 엔진이 있는 곳이 덜컹거리다 탈탈탈 소리가 나는데 드디어 시동이 걸린 거다. 이때 내가 할 일은 잽싸게 짐칸에 쌓인 비료 틈을 비집고 들어가 자리를 잡는 것이다. 할아버지는 익숙하다는 듯 핸들을 잡고 출발한다. 밭으로 가는 10분이 채 안 되는 그 길에서 바닥에 깔린 자갈을 만나고, 코끝을 스쳐 가는 바람을 만나고, 살랑이는 나뭇잎 사이로 비치는 햇빛을 만났다. 무엇보다 작은 것에 감탄하는 어린 나를 사랑스럽게 바라보는 할아버지의 사랑을 만났다. 월계수와 태극마크가 그려진 국가 유공자 모자를 눌러쓴 할아버지의 미소가 아직도 생생히 기억나는 이유다. 엄마도 할아버지에게 내가 느낀 사랑 이상을 받으며 자랐을 테니 장례식장에서 어린아이처럼 울던 엄마의 모습에는 다 이유가 있었다.

그러고 보니 외할머니에 관한 추억은 별로 없다. 할머니는 목소리가 컸고, 늘 열심히 일하셨고, 바쁘셨다. 어린 손녀가 오랜만에 와도 동네 어르신과 대화 나누는 시간이 더 많았고, 따뜻한 밥 한 끼 함께 먹은 기억도 없다. 어린 손녀에게도 느껴졌던 심드렁한 할머니의 모습이 엄마에게 상처였을지도 모른다는 생각이 든 건 최근에 엄마가 될 준비를 하면서부터다. '아이가 생기면 어떤 엄마가 되어야 할까?'에서 시작된 생각은 나를 낳아 준 엄마를 거쳐 엄마를 낳아 준 할머니에게까지 이르렀다.
'엄마에게 할머니는 어떤 엄마였을까?'

원고를 쓴다는 핑계로 엄마에게 전화를 걸었다. 혹여나 엄마에겐 꺼내기 싫은 상처가 아닐까 싶어 한참을 고민하다 용기 내 물었다. 할머니는 엄마에게 어떤 엄마였냐고. 잠시 머뭇거리던 엄마는 이내 자신의 어린 시절 이야기를 꺼냈다. 처음 듣는 엄마의 어린 시절 이야기에 한 시간이 10분처럼 지나갔다.

엄마의 표현에 의하면 할머니는 '사랑을 올바른 방법으로 표현할 줄 모르는 사람'이었다. 엄마의 모습 그대로를 인정하고 사랑해 주던 할아버지와는 다른 모습이다. 결혼하고 세 아이를 키우면서 친정엄마의 빈자리를 여실히 느꼈다고 했다. 왜 하필 할머니 같은 사람이 엄마인지 하늘을 원망하며 눈물 흘린 날도 많고, 할머니 같은 엄마가 되지 않겠다고 다짐했던 순간이 한두 번이 아니었다고 했다.

상처받은 마음을 꾹꾹 눌러 담고 살았던 어린아이가 환갑이 되었다. 자식에게 어렵사리 상처를 털어놓는 그 목소리가 너무 담담해서 더 슬프다. 구순 넘은 노모를 마음껏 미워할 수도 없는 엄마의 마음이 가엾다. 이날 하루만큼은 엄마에게 오은영 박사님이 되어 주고 싶었다.

엄마의 힘들었던 마음에 공감해 주면서 할머니를 미워하고 원망해도 괜찮다고 말해 주고 싶었다. 엄마에게 받은 상처가 있었음에도 세 아이의 엄마로 멋진 삶을 살아 낸 것을 칭찬해 주고 싶었다. 이런 내 마음이 엄마에게 전해진 걸까? 전화를 끊으려는 찰나 엄마가 말했다.

"어떻게 기회가 돼서 큰딸한테 이런 얘기를 하게 되네. 너한테 한 번쯤은 털어놓고 싶었는데 할머니 흉보는 것처럼 들릴까 봐 얘길 못했었어. 엄마 얘기 들어 줘서 고마워."

때때로 엄마에게 오은영 박사님이 되어 줘야겠다.

1

할머니가 엄마에게 해 준 추억의 음식이 있나요?

할머니는 어떤 음식을 잘하셨나요?
할머니가 해 준 음식 중 가장 먼저 떠오르는 음식은 무엇인가요?

2

엄마는 할머니의 어떤 점을 닮았나요?

할머니는 어떤 분이셨나요? 엄마는 할머니와 닮은 점이 있나요?
어떤 점을 닮았나요?

3

할머니가 엄마에게 한 말 중 기억에 남는 말이 있나요?

할머니는 어떤 말을 자주 하셨나요?
할머니가 한 말 중 마음에 품고 지내는 말이 있나요?

4

엄마도 할머니에게 혼났던 적이 있나요?

엄마도 엄마에게 혼났던 적이 있나요?
무엇 때문에 혼이 났나요?

5

엄마가 할머니에게 서운했던 순간이 있나요?

할머니의 말이나 행동 때문에 서운했던 적이 있나요?
어떤 순간이 서운했나요?

6

엄마가 할머니에게 가장 감사한 일은 무엇인가요?

할머니에게 감사의 표현을 한 적이 있나요?
할머니에게 감사하다는 마음이 들었던 때는 언제인가요?

7

엄마에게 가장 기억에 남는 할머니와의 추억은 무엇인가요?

할머니와 있었던 일 중 가장 기억에 남는 순간은 언제인가요?
오래오래 잊고 싶지 않은 추억의 순간이 있나요?

8

엄마가 할머니에게 죄송한 마음이 들었던 순간은 언제인가요?

할머니의 마음을 아프게 한 적이 있나요?
할머니에게 마음을 전할 수 있다면 어떤 순간을 사과하고 싶은가요?

9

지금도 엄마에게 생생히 기억나는 할머니의 모습이 있나요?

할머니를 떠올리면 기억나는 모습이 있나요?
어제 일처럼 생생히 기억나는 할머니의 모습은 어떤 모습인가요?

10

할머니가 엄마의 엄마여서 좋았던 이유는 무엇인가요?

할머니의 장점은 무엇인가요?
할머니가 엄마라서 좋았던 점은 무엇인가요?

11

엄마가 되고 나서 할머니의 마음을 이해하게 된 순간이 있나요?

어릴 땐 이해하지 못했지만 엄마가 되고 할머니의 마음을
이해하게 된 순간이 있나요?

12

할머니가 돌아가셨을 때 엄마는 어떤 마음이 들었나요?

할머니가 돌아가셨을 때 엄마의 마음은 어땠나요?
만약 할머니가 돌아가신다면 어떤 마음이 들 것 같나요?

13

엄마는 언제 할머니가 가장 보고 싶나요?

엄마도 엄마가 보고 싶은 순간이 있나요?
언제 할머니가 가장 보고 싶나요?

14

할머니에게 꼭 전하고 싶은 말이 있나요?

엄마가 할머니에게 표현하지 못한 마음이 있나요?
할머니에게 어떤 마음을 전하고 싶나요?

15

할머니가 엄마에게 해 주고 싶은 말

할머니가 엄마에게 해 주고 싶은 말을 내가 대신 적어 볼까요?
엄마의 엄마가 되어 딸에게 해 주고 싶은 말을 적어 보세요.

할머니와 엄마의 사진을 붙여 보세요.

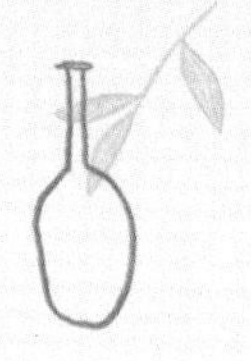

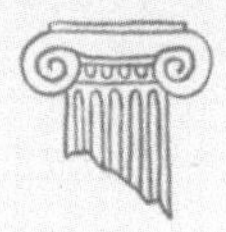

Thanks My Mom

엄마가
내 엄마라서

PART 6

엄마를 위한 딸의 기도

"연명 치료 거부 신청을 할 수 있대. 나중에 잊어버릴 수도 있으니까 미리 신청하려고."

유튜브에서 또 어떤 영상을 본 모양이다. 아니면 돌보는 어르신이나 동료 요양 보호사에게 들었는지도 모른다. 인공호흡기를 낀 채로 생명을 유지하는 건 본인을 위해서도 아닌 것 같다며 혹시나 당황했을 딸을 위해 주저리주저리 얘기를 늘어놓는다.

어떤 날엔 가입한 보험 얘기를 할 때도 있다. 실비와 암 진단비, 표적항암 치료비 항목까지 잘 들어 두었으니 엄마가 아프더라도 병원비 걱정은 하지 않아도 된단다. 아빠가 갑작스럽게 돌아가셔서일까. 아니면 요양 보호사 일을 하며 죽음을 멀지 않게 느끼게 돼서일까. 그것도 아니면 친구들의 말기암 진단 소식, 부고 소식을 듣게 되는 나이여서일까. 엄마는 언제부턴가 세상과 이별할 준비를 조금씩 하고 있다.

아직 닥치지도 않은 일을 미리 걱정하는 엄마의 모습에 화가 난 적도 많다. 답답한 마음에 괜히 투덜대거나 화를 내기도 했다. 실은 엄마에게 화가 난 게 아닌데 전화를 끊고 늘 후회한다. 엄마의 마음을 헤아리지 못하는 나에게 화가 나고, 잠깐이지만 엄마가 없는 세상을 상상하는 시간이 괴로워서 그런 건데 그 마음을 표현하기가 그렇게 어렵다. 이제야 어렴풋이 알게 되었다. 세상에 남겨질 자식에게 짐이 되고 싶지 않은 엄마의 마음을, 가늠할 수 없는 엄마의 깊고 넓은 사랑을.

다가오지 않은 엄마와의 이별을 상상하며 슬퍼하는 대신 내가 할 수 있는 일을 찾기로 했다. 엄마의 모습을 사진과 영상으로 많이 담아 두는 것, 사랑한다는 말을 아끼지 않는 것, 안부 전화를 자주 드리는 것, 서로의 마음에 오래도록 남을 추억을 자주 만들고 엄마가 내게 얼마나 힘이 되는 소중한 존재인지 표현하는 것 등 돈을 들이지 않아도 엄마를 위해 할 수 있는 일이 이렇게나 많다.

문득 사랑하는 자식들이 아프지 않고 별 탈 없이 잘 지내는 모습을 보면 행복하다던 엄마의 말이 떠오른다. 엄마는 잘 지내고 있으니 걱정하지 말라고 웃음 짓던 엄마의 표정이 아른거린다. 아침에 눈을 뜰 때도, 밤에 잠자리에 들 때도 오늘 하루 자식들이 무탈한 하루를 보냈길 바라는 엄마의 마음은 이제 말하지 않아도 알고, 보지 않아도 보인다.

이제껏 인생을 잘 살아 낼 수 있었던 이유는 다른 것 없다. 엄마의 사랑이 담긴 기도 덕분이다. 세상을 향해 뚜벅뚜벅 걸어가는 자식의 뒷모습이 점처럼 작아져 보이지 않을 때까지 까치발 딛고 서서 두 손을 흔들어 주던 엄마의 마음 덕분이다. 엄마 덕분에 세상을 만났고 엄마 덕분에 지금을 살아간다. 나의 삶 어디에나 묻어 있는 엄마를 위해 이제는 내가 기도할 때다.

하느님, 엄마가 활력이 넘치는 기분으로 아침에 눈뜰 수 있기를,
편안한 마음으로 밤잠을 이룰 수 있기를 기도합니다.
무엇보다 몸과 마음의 건강을 허락해 주세요.
이제 자식 걱정은 내려놓고
엄마를 위한 시간을 가져도 된다고 말씀해 주세요.
기쁨과 행복을 가져다주는 일을 할 수 있게 해 주시고
일 속에서 만나는 분들에게 엄마의 사랑을
흘려 보낼 수 있게 해 주세요.

평생을 함께할 수 있는 좋은 벗을 곁에 두셔서

외로운 마음이 들지 않도록,

서로를 의지하며 웃는 날들이 많아지게 해 주세요.

죽음에 대한 두려움보다 남은 인생의 날들을 기대하는 마음을,

어린아이처럼 작고 사소한 것에 감탄하는 마음을 선물해 주세요.

가끔 아빠와 자식들의 빈자리가 느껴지더라도

마음만큼은 빈자리가 느껴지지 않도록 사랑으로 채워 주세요.

그리고 엄마로 살아온 지난 세월을

자식들이 그 누구보다 자랑스러워한다고 전해 주세요.

엄마의 남은 인생을 축복해 주세요.

그리고 엄마의 딸로 태어나게 해 주셔서 감사합니다.

1

외모 중 엄마와 닮았다고 생각하는 곳이 있나요?

누군가에게 엄마와 닮았다는 말을 들은 적이 있나요?
엄마의 외모 중 나의 외모와 닮았다고 생각되는 부분은 어디인가요?

사진을 붙여 보세요.

사진을 붙여 보세요.

엄마

나

2

엄마와 성격이 비슷하다고 느끼는 순간이 있나요?

엄마의 성격과 내 성격이 비슷한 점은 무엇일까요?
어떤 순간에 엄마와 성격이 비슷하다고 느끼나요?

3

엄마가 나에게 자주 하는 말은 무엇인가요?

엄마가 나에게 자주 하는 말이 있나요?
엄마가 그 말을 자주 하는 이유는 무엇일까요?

“

”

4

엄마에게 가장 고마웠던 순간은 언제인가요?

엄마에게 눈물 나도록 고마웠던 순간이 있었나요?

5

‘엄마’를 떠올리면 어떤 마음이 드나요?

‘엄마’라는 단어를 떠올려 보세요. 엄마의 모습을 떠올려 보세요.
‘엄마’를 떠올리면 어떤 마음이 드나요?

6

문득 엄마가 생각나거나 보고 싶은 순간이 있나요?

일상생활을 하다가 문득 엄마 생각이 날 때는 언제인가요?
엄마가 보고 싶은 순간이 있나요?

7

엄마의 말이나 행동이 큰 힘이 되었던 때는 언제인가요?

엄마의 말 한마디가, 엄마의 따뜻한 마음이 힘이 되었던 순간이 있나요?
그때의 내 모습을 떠올리며 엄마에게 감사의 마음을 표현해 보세요.

8

엄마에게 상처를 준 적이 있나요?

엄마에게 상처가 되는 말이나 행동을 한 적이 있나요?
엄마에게 차마 표현하지 못한 미안한 마음을 적어 보세요.

9

엄마가 걱정되거나 마음 아프게 느껴지는 순간이 있나요?

엄마가 걱정되는 순간은 언제인가요?
나의 마음을 아프게 하는 엄마의 모습이 있나요?

10

엄마의 뜻밖의 모습을 발견한 적이 있나요?

내가 미처 알지 못했던 엄마의 모습이 있나요?
뜻밖에 발견한 엄마의 모습을 적어 보세요.

11

엄마가 내게 준 가르침은 무엇인가요?

엄마는 나에게 어떤 것을 알려 주고 싶었을까요?
엄마가 내게 준 가르침이 있나요?

12

나는 어떤 엄마가 되고 싶나요?

내가 엄마가 된다면 (혹은 엄마라면) 어떤 엄마가 되고 싶나요?
내가 되고 싶은 엄마의 모습을 그려 보세요.

13

엄마가 내 엄마라서 좋은 이유는 무엇인가요?

엄마가 내 엄마라서 좋은 이유 세 가지를 적어 보세요.

1

2

3

14

엄마를 한마디로 표현한다면 뭐라고 말하고 싶나요?

엄마를 한마디로 표현하면 뭐라고 말할 수 있을까요?
엄마를 표현할 수 있는 한마디를 떠올려 보세요.

나에게 엄마는, .

15

엄마를 위한 딸의 기도

나를 위해 늘 기도하는 엄마를 위해 기도하는 시간을 가져 보세요.
나는 엄마를 위해 어떤 기도를 할 수 있을까요?

엄마를 그려 볼까요? 잘 그리지 못해도 좋아요.

I Love You More

이제는
내가 엄마를
더 사랑할게

PART 7

다정한 딸이 되고 싶다

엄마가 전화로 하는 얘기에는 몇 가지 패턴이 있다. 그중 하나가 "있잖아"로 시작하는 통화인데 이 말을 꺼냈을 때는 보통 일상생활에서 스스로 해결할 수 없는 문제 상황이 생겼을 때라고 보면 된다. 문제 상황은 매번 다르다. 도어록에서 계속 소리가 나는데 어떻게 해야 하는지, 안마의자의 온열 시트 켜는 방법, TV 프로그램을 재방송하는 채널 번호 같은 것들을 묻는다. 엄마가 도움을 청한 일 중 가장 난이도가 높았던 것은 TV 리모컨 사용 방법이다. 평소처럼 리모컨 전원 버튼을 켰는데 TV에 알 수 없는 화면과 신호 없음이라는 글씨가 계속 뜬다고 했다. 셋업박스 버튼을 눌러 인터넷 연결을 확인하거나 외부 입력 버튼을 눌러 조정하면 될 텐데 문제는 엄마가 사용하는 TV 리모컨과 내가 사용하는 제품이 달라 설명하기가 어렵다.

아무리 엄마가 못 알아들어도 절대 짜증을 내지 않겠다는 다짐과 함께 마음을 내려놓고 차근차근 설명하기로 했다. 우선 엄마에게 리모컨 사진을 찍어 보내 달라고 했다. 전원 버튼과 외부 입력 버튼, 셋업박스 버튼을 확인하고 다시 전화를 걸었다. 버튼 위치를 설명하며 하나씩 눌러 보라고 했는데 문제가 생겼다. 리모컨 버튼 위의 깨알 같은 글씨는 노안인 엄마의 눈이 감당하기에 작아도 너무 작았던 거다. 돋보기안경도 소용없었다. 그렇다면 다음 단계다. 영상 통화를 걸어 리모컨과 TV 화면을 비춰 달라고 부탁했다. 역시나 화면에 비치는 건 엄마의 이마와 콧구멍이다. 또 다른 문제를 해결해야 하는 상황이 된 것이다. 영상 통화 화면 상단에 화면 전환 버튼을 눌러야 TV가 보인다고 몇 번을 설명했는데 엄마는 통화 종료 버튼을 네 번이나 눌렀다. 다섯 번째 영상 통화를 걸었을 때 처음 했던 다짐은 온데간데없고 결국 목소리에 짜증이 한껏 묻어났다.

"어! 된다. 이제 화면 나와. 전화 끊는다."
딸의 목소리에서 뭔가를 느낀 엄마는 이 말을 남기고 다급하게 전화를 끊었다. TV 화면이 제대로 나오지 않았다는 걸 알았지만, 다시 전화를 걸지 않았다. 엄마를 괜히 더 민망하게 만드는 일이 되지 않을까 싶어서다. 다른 사람에겐 열 번이고 스무 번이고 알려 주는 게 어렵지 않은데 왜 엄마에겐 이토록 어려운 건지 알 수가 없다.

대학을 졸업한 후 독립하면서 엄마와 오랜 시간 떨어져 살았다. 10년

이면 강산도 변한다는데 코로나 팬데믹 때문에 더 앞당겨진 기분이다. 메타버스, NFT, Chat GPT 등 낯선 것투성이인 세상의 속도가 빅차게 느껴진다. 30대인 나도 배우고 적응해야 할 것들이 이렇게나 많은데 하물며 엄마에겐 어떨까. 시대의 변화에 뒤처지는 사람이 되지 않기 위해 세상의 속도를 쫓는 동안 엄마의 세상이 점점 작아지고 있다는 걸 미처 알지 못했다. 할 수 있는 것보다 할 수 없는 것이 많고, 갈 수 있는 곳보다 갈 수 없는 곳이 많아졌다는 걸 놓치고 있었다. 엄마가 "있잖아" 하면서 전화를 걸었을 땐 혼자 해 볼 만큼 해 봤는데도 해결 방법을 도무지 알 수가 없어서였다는 걸, 질문을 하기까지도 큰 용기가 필요했다는 걸 이제야 알았다.

엄마 덕분에 세상을 배웠다. 이젠 내가 엄마에게 새로운 세상을 선물해 주고 싶다. 카페 메뉴가 어려워 블루베리 스무디만 먹는 엄마에게 에이드가 어떤 메뉴인지 알려 주고, 돋보기 앱을 깔아 작은 글씨를 확대해서 볼 수 있는 방법을 알려 줬다. 키오스크로 결제가 이루어지는 매장에 찾아가 결제하는 방법을 설명해 주기도 했는데 뒤에 사람이 기다리고 있어도 내가 있으니 괜찮다고, 한번 해 보라고 카드를 내밀었다. 엄마는 내 설명을 그 어느 때보다 귀담아들으며 결제에 성공했다. 그 순간만큼은 엄마가 딸이었고 내가 엄마였다. 처음으로 결제에 성공한 엄마는 별거 아니라는 듯 환하게 웃었다.

딸이 다정한 마음을 건넸더니 엄마의 세상에 새로운 길이 열렸다. 아메리카노 말고 에이드도 주문할 수 있고 유튜브로 스트레칭하는 방법도 찾을 줄 안다. 키오스크 주문쯤은 가뿐하게 해낼 수 있고 셀카 사진도 야무지게 찍는다. 배우면 할 수 있다는 자신감이 생겼고 배움의 기쁨을 알아 버렸다. 엄마의 세상이 넓어질 수만 있다면 기꺼이 다정한 딸이 되어 다정한 마음을 한가득 전하고 싶다. 변화하는 세상 속에서 엄마가 외롭지 않도록 두 손을 꼭 잡아 주고 싶다.

1

엄마에게 선물하고 싶은 문장이 있나요?

읽으면 엄마가 생각나는 책이 있나요?
지금의 엄마에게 어떤 문장을 선물해 주고 싶나요?

"

"

2

엄마에게 불러 주고 싶은 노래가 있나요?

가사를 들으면 엄마가 생각나는 노래가 있나요?
엄마에게 들려주고 싶은 노래 제목과 가사를 적어 보세요.

♬

3

엄마와 같이 보고 싶은 영화가 있나요?

요즘 어떤 영화를 봤나요?
이미 본 영화 중 엄마와 같이 보고 싶은 영화가 있나요?

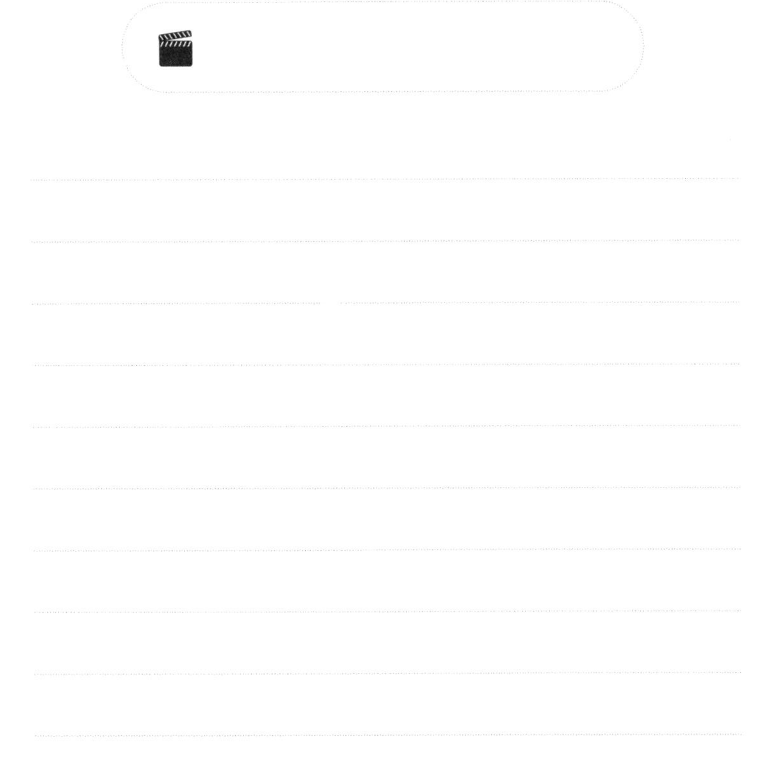

4

엄마에게 선물해 주고 싶은 것이 있나요?

엄마에게 평소 주고 싶은 선물이 있나요?
왜 그 선물을 해 주고 싶나요?

5

엄마에게 해 주고 싶은 요리가 있나요?

엄마에게 만들어 주고 싶은 요리가 있다면 무엇인가요?
왜 그 요리를 해 주고 싶나요? 레시피가 있다면 적어 보세요.

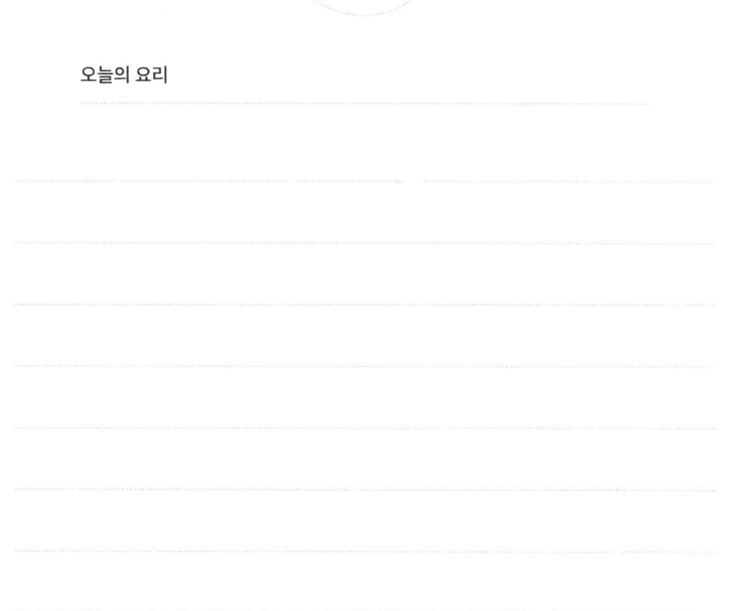

6

엄마와 가고 싶은 여행지가 있나요?

엄마와 여행을 간다면 어디로 떠나고 싶나요?
여행지에 가서 엄마와 하고 싶은 일은 무엇인가요?

7

엄마가 배웠으면 하는 것이 있나요?

엄마가 무엇을 배우면 즐거워할까요?
엄마에게 알려 주고 싶은 분야가 있나요?

1

2

3

8

엄마와의 데이트 코스를 짜 볼까요?

엄마와 데이트를 한다면 어떤 곳을 가 보고 싶나요?
엄마와 함께하는 데이트 코스를 짜 보세요.

가고 싶은 곳

9

엄마에게 가르쳐 주고 싶은 디지털 기기 사용법이 있나요?

엄마가 생활에서 편리하게 활용할 수 있는 디지털 기기 사용법에는 무엇이 있을까요(SNS, 온라인 쇼핑몰, 배달앱 주문 등)?

1

2

3

4

5

10

우리 엄마의 장점은 무엇인가요?

내가 생각하는 우리 엄마의 장점은 무엇인가요?
엄마의 장점 다섯 가지를 적어 보세요.

1

2

3

4

5

11

엄마의 애칭을 정해 볼까요?

엄마에게 애칭을 붙여 준다면 어떤 애칭을 붙여 주고 싶나요?
엄마의 애칭을 정해 보고 애칭으로 정한 이유도 함께 적어 보세요.

♥

12

엄마를 위해 지킬 수 있는 약속이 있다면 무엇인가요?

엄마가 걱정하지 않도록 내가 지킬 수 있는 약속이 있다면 무엇이 있을까요?

13

올해 엄마와 꼭 하고 싶은 버킷 리스트가 있나요?

엄마와 올해 꼭 해 보고 싶은 일이 있나요?
엄마와 함께 이루고 싶은 버킷 리스트를 작성해 보세요.

1

2

3

4

5

14

나에게 엄마는 어떤 존재인가요?

나에게 엄마는 어떤 의미인가요?
나에게 엄마는 어떤 존재인가요?

15

엄마에 대해 알아 본 시간은 어땠나요?

그동안 기록한 내용을 다시 한 번 읽어 보며
엄마에게 마음을 담은 편지를 써 보세요.

언젠가 엄마와 함께하고 싶은 버킷 리스트를 만들어 보세요.

No.	Bucket List	✓
1		
2		
3		
4		
5		
6		
7		
8		
9		
10		

사랑하는 엄마에게

초판 1쇄 인쇄 **2023년 4월 3일**
초판 1쇄 발행 **2023년 4월 20일**

지은이 **리니**

발행인 **김정경**
편집 **김광현**
마케팅 **김진학**
발행처 **터닝페이지**

책임편집 **김민영**
디자인 **onmypaper**

등 록 제2022-000019호
주 소 04793 서울 성동구 성수일로10길 26 하우스디 세종타워 본동 B1층 101/102호
전 화 070-7834-2600
팩 스 0303-3444-1115
대표메일 turningpage@turningpage.co.kr

ISBN 979-11-981482-2-3 (03190)

* 잘못된 책은 구입하신 서점에서 바꾸어 드립니다.
* 책값은 뒤표지에 있습니다.